Para:

WITHDRAWN

De:

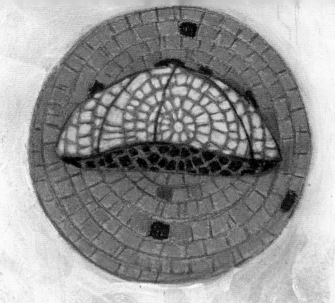

A mis parroquias, especialmente St. Catharine's en Pelham
y St. Joseph's en Yorkville —E. O.

A mi madre y a mi padre —O. D.

BLOOMSBURY CHILDREN'S BOOKS
Bloomsbury Publishing Inc., part of Bloomsbury Publishing Plc
1385 Broadway, New York, NY 10018

BLOOMSBURY, BLOOMSBURY CHILDREN'S BOOKS, and the Diana logo are trademarks of Bloomsbury Publishing Plc

First published in the United States of America in September 2018 by Bloomsbury Children's Books

Text copyright © 2018 by Emma Otheguy • Illustrations copyright © 2018 by Oliver Dominguez • Spanish language translation © 2018 by Belén Agustina Sánchez

Bloomsbury books may be purchased for business or promotional use. For information on bulk
purchases please contact Macmillan Corporate and Premium Sales Department at specialmarkets@macmillan.com

Library of Congress Cataloging-in-Publication Data
Names: Otheguy, Emma, author. | Dominguez, Oliver, illustrator.
Title: Papa Francisco : creador de puentes / by Emma Otheguy ; illustrated by Oliver Dominguez.
Other titles: Pope Francis. Spanish
Description: New York : Bloomsbury, 2018. | Includes bibliographical references.
Identifiers: LCCN 2018008148
ISBN 978-1-5476-0013-7 (hardcover)
Subjects: LCSH: Francis, Pope, 1936– —Juvenile literature.
Classification: LCC BX1378.7 .O8418 2018 (print) | DDC 282.092 [B]—dc23
LC record available at https://lccn.loc.gov/2018008148

Art created with acrylic, gouache, watercolor, ink, and Prismacolor NuPastel on BFK Rives tan and cream paper
Typeset in Albertus MT • Book design by Danielle Ceccolini
Printed in China by Leo Paper Products, Heshan, Guangdong
2 4 6 8 10 9 7 5 3 1

All papers used by Bloomsbury Publishing Plc are natural, recyclable products made from wood grown in well-managed forests.
The manufacturing processes conform to the environmental regulations of the country of origin.

To find out more about our authors and books visit www.bloomsbury.com and sign up for our newsletters.

PAPA FRANCISCO

CREADOR DE PUENTES

EMMA OTHEGUY

ilustrado por OLIVER DOMINGUEZ

traducido por Belén Agustina Sánchez

BLOOMSBURY
CHILDREN'S BOOKS
NEW YORK LONDON OXFORD NEW DELHI SYDNEY

Cuando era chico, Jorge Bergoglio paseaba por la ciudad de Buenos Aires, en Argentina, junto a su abuela Rosa, al compás de las alegres milongas de los músicos callejeros. Se unía a los picaditos de fútbol corriendo con sus amigos tras la pelota, agitando las manos en el aire y soñando con el ¡*PLAF!* de un gol en una red de verdad.

Todos los días, la abuela Rosa le enseñaba a rezar.

Rezaban juntos por la mañana y por la tarde. Rezaban durante la Pascua, cuando las calles se cubrían de procesiones, y rezaban en Navidad, mientras la ciudad resplandecía de colores y luces.

Un día, Jorge notó en una esquina a unas mujeres que usaban sombreros y uniformes que él nunca había visto antes. Tiró de la manga de la abuela Rosa para preguntarle por qué estaban vestidas así.

La abuela Rosa lo acercó hacia ella y le dijo que esas mujeres eran misioneras protestantes. No eran católicas, como la familia de Jorge, pero eso no quería decir que no fueran buenas.

Jorge se quedó mirando a las mujeres un rato más. Se alegraba de saber que cualquiera, de cualquier fe, podía ser bueno.

Al crecer, Jorge se preguntaba cómo *él* podía ser bueno y ayudar a otros. Siguió pensando en eso mientras examinaba los tubos de ensayo en el laboratorio de química en el que trabajaba. Su padre, que había venido a la Argentina desde Italia en busca de una vida mejor, le había enseñado la importancia del trabajo duro, pero su abuela Rosa le había mostrado que el trabajo más importante era ayudar a otros. Jorge deseaba hacer ese trabajo.

Cuanto más exploraba Buenos Aires, más notaba Jorge a la gente que sufría. Algunos eran tan pobres que vivían en villas miserias.

Cada día, en sus plegarias, Jorge los recordaba y pedía una manera de ayudar.

Encontró inspiración en las historias sobre santos antiguos. Quería ser como Santa Teresa de Lisieux, dulce y gentil, o como San Francisco de Asís, que había entregado todo su oro y plata a los pobres. San Francisco había ayudado hasta al más pequeño de los animales porque pensaba que cada cosa viviente, pobre o rica, humana o animal, necesitaba amor.

Jorge encontró su camino en un grupo de sacerdotes que expresaban su amor y preocupación enseñando en escuelas alrededor del mundo. Vivió y trabajó con este grupo, los jesuitas, mientras estudiaba la Biblia. Cuando tenía alrededor de 30 años, se convirtió a su vez en sacerdote y fue llamado entonces padre Bergoglio. Su familia entera celebró, pero la abuela Rosa estaba más contenta que nadie.

Como sacerdote, el padre Bergoglio quiso dar a los chicos de su barrio algo de la diversión de su propia infancia. Organizaba partidos de fútbol, noches de películas y, en ocasiones especiales, ¡los convidaba a chocolate caliente!

Después de años de trabajo, el padre Bergoglio se convirtió en obispo de Buenos Aires. Aún se acordaba de las villas miserias, donde los chicos tenían problemas y sufrían, pero ahora tenía un equipo de sacerdotes que trabajaba con él para ayudar a familias enteras. Él y los demás sacerdotes enviaron a niños a estudiar, abrieron clínicas para curar a los enfermos y visitaban a abuelos que estaban solos.

En toda la Argentina, por su rol en las villas miserias, la gente empezó a llamar al padre Bergoglio el "obispo villero". En Roma, el papa Juan Pablo II se enteró de su trabajo y lo nombró cardenal.

Cuando el papa Benedicto XVI renunció, el padre Bergoglio voló a Roma para ayudar en la elección del nuevo papa. Los cardenales se reunían todos los días para hablar acerca de quién sería el mejor líder; ¡y algunas personas querían al padre Bergoglio!

Nunca antes había habido un papa americano, y nunca había habido un papa jesuita. Algunos decían que nunca iba a haberlo.

Por más de una semana, los cardenales escucharon discursos y rezaron pidiendo inspiración. Finalmente, llegó el momento de votar.

En una lluviosa tarde de marzo, multitudes de fieles católicos llenaron la plaza de San Pedro y, alrededor del mundo, en radios, en televisores y en Internet, la gente sintonizaba para tener noticias de la chimenea de la Capilla Sixtina. El humo que llenaría el cielo ¿sería blanco... o negro?

En cada rincón del mundo, la gente aclamó.

¡Era el padre Bergoglio!

Saludó a la gente en la plaza, no como Jorge ni como el padre Bergoglio, sino con el nuevo nombre que había escogido, como lo hacen todos los papas cuando son elegidos. El padre Bergoglio era ahora el papa Francisco: un papa para dar la bienvenida a toda la gente de Dios, como San Francisco había hecho tanto tiempo atrás.

Como el santo siempre se había vestido con sencillez, el papa Francisco se negó a usar adornos lujosos como cruces doradas o túnicas elegantes.

"Si estamos demasiado apegados a las riquezas", dijo, "no somos libres".

Casi era Pascua cuando el papa Francisco fue elegido, y la gente alrededor del mundo estaba ansiosa por ver cómo iba a celebrar la semana más sagrada del año.

El Jueves Santo, el papa Francisco rompió con la tradición. En vez de celebrar en una iglesia, celebró en una cárcel. En vez de lavar solo los pies de hombres, también besó y lavó los pies de mujeres, y de musulmanes además de católicos.

"Y esto es un símbolo, ¿es un signo, no?", les dijo el papa Francisco a los prisioneros. "Lavar los pies es: 'yo estoy a tu servicio'".

Algunos católicos se sorprendieron, pero otra palabra para papa es "pontífice": una persona que crea puentes para todos, sin importar quiénes sean.

Mientras el agua fluía de la jarra, un poquito de esperanza brillaba en los corazones de los católicos.

El papa Francisco tenía muchas nuevas responsabilidades, pero seguía extendiendo sus puentes para alcanzar a más y más personas.

Viajó a una isla frente a la costa de Italia adonde habían huido en balsas refugiados musulmanes, intentado escapar de las guerras y del hambre. El papa Francisco quería que los refugiados encontraran nuevas oportunidades, como las que sus padres habían encontrado cuando dejaron Italia por Argentina.

"Esos hermanos y hermanas nuestras intentaban salir de situaciones difíciles para encontrar un poco de serenidad y de paz", les dijo a las multitudes. "Buscaban un puesto mejor para ellos y para sus familias".

El pontífice arrojó una corona de flores sobre el mar y rezó para pedir que aquellos que necesitaran un nuevo hogar encontraran siempre un puente para el viaje, y una puerta abierta al final del mismo.

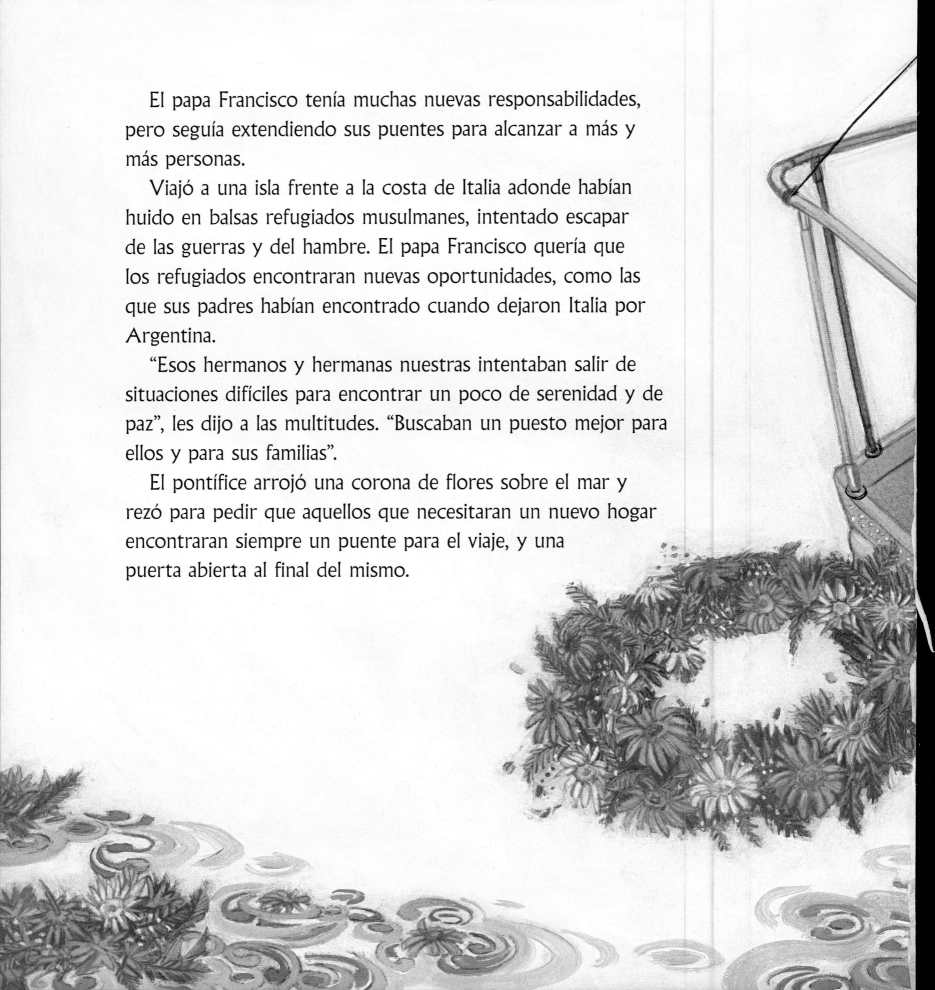

Cada vez más gente se queda sin hogar y en la pobreza mientras el planeta se calienta, los océanos se desbordan y los campos de cultivo y los bosques desaparecen. Cerca de la misma Argentina de Francisco, los ganaderos talan árboles de la selva amazónica, destruyendo así los hábitats de animales y de humanos.

El papa Francisco siente el *crac* de esos árboles talados en su propio corazón.

"La creación es un don, es un don maravilloso que Dios nos ha dado para que cuidemos de él y lo utilicemos en beneficio de todos, siempre con gran respeto y gratitud", dijo.

En una carta a todos los obispos del mundo, explicó que no podemos acaparar ni acumular los regalos de la Tierra: todos tenemos que proteger el planeta para que todos podamos compartir su abundancia.

El pontífice crea puentes hacia la gente común, especialmente hacia los niños. A veces detiene su papamóvil para bromear con la gente de Roma o para besar la cabeza de un bebé. Cuando su equipo preferido gana un partido de fútbol, ¡el papa Francisco vitorea y festeja!

Cada año, invita a chicos necesitados a que vayan a visitarlo en un Tren de los Niños. Charla con ellos con un estilo relajado. En vez de solamente darles un sermón, el papa Francisco les hace preguntas y los invita a dar sus opiniones. Un año, los chicos llevaron barriletes a bordo del tren como un recordatorio de que ellos también podían elevarse y superar obstáculos.

Con risas, plegarias y las palabras justas, el pontífice proclama que todos y cada uno de los seres vivos comparten el mismo planeta, el mismo amor. Y el amor siempre crea puentes.

NOTA DE LA AUTORA

El papa Francisco una vez describió a la Iglesia católica romana como una casa con las puertas abiertas de par en par. Imagino al papa Francisco como el hombre con la mano en el picaporte, empujando la madera con su hombro. La puerta de la Iglesia a veces se traba, pero el papa Francisco ha fomentado una cultura de justicia social, atención a los necesitados y aceptación de todos los pueblos.

Creo que el papa Francisco podría identificarse con mis primeras experiencias con la Iglesia, siendo yo una niña en una familia latina numerosa. Las fiestas católicas en mi casa se celebraban con música, baile y, sobre todo, familia (lo que, para mis padres, parecía significar cualquier persona que pudieran encontrar). Llegué a asociar el catolicismo con una sensación de abundancia: abundante comida y bebida, abundante conversación y una abundancia de espacio en nuestros corazones para hermanos, primos y amigos. Nuestro catolicismo no era silencioso ni solemne: siempre estaba mezclado con la devoción popular de los caribeños, con un caótico cotorreo en inglés y español, y con chillidos, risas y carcajadas. El júbilo y la alegría que el papa Francisco lleva al pontificado resalta la importancia que un ambiente así puede tener para la vida católica. Cuando el papa Francisco habla sobre la Iglesia como una casa, veo la casa de su niñez en Buenos Aires o la mía en Nueva York: lugares vibrantes, repletos de parientes.

Cuando crecí, mi relación con la Iglesia se expandió hasta incluir nuestra parroquia en las afueras de la ciudad de Nueva York. Llegué a amar la silenciosa tranquilidad de esa iglesia pequeña y oscura, así como la música de la guitarra y la luz del sol de los templos que visité con mi familia en Miami y Puerto Rico. La Iglesia se convirtió en un vínculo entre la cultura latina de mi familia y las culturas con las que tuve contacto fuera de mi hogar. Por la vía sacramental, mi vida se enlazó con la de mi querida madrina, una católica alemana que sobrevivió la Segunda Guerra Mundial, se casó con un refugiado judío y se mudó a Nueva York, donde se convirtió en una parte esencial de nuestra familia latina. La Iglesia que conocí de niña era sobre todo un lugar de aceptación: un lugar seguro y un hogar espiritual para los refugiados.

Mucha gente hoy no vive la misma cultura de aceptación que yo disfruté en la Iglesia, pero me uno a otros católicos en la esperanza de que el papado del papa Francisco sea un paso adelante hacia lo que la Iglesia está verdaderamente destinada a ser: una casa repleta de familia, con música y baile, con el bullicio de muchas lenguas y con sus puertas por siempre abiertas al mundo.

CRONOLOGÍA

1936
Jorge Mario Bergoglio nace en Buenos Aires, Argentina.

1950
Jorge Bergoglio ingresa a la Escuela Nacional de Educación Técnica, donde estudia para convertirse en técnico químico.

1958
Jorge Bergoglio ingresa al noviciado para convertirse en sacerdote jesuita.

1969
Jorge Bergoglio es ordenado sacerdote.

1992
El padre Bergoglio es nombrado obispo de Buenos Aires.

2001
El padre Bergoglio es nombrado cardenal.

2013
El padre Bergoglio es electo papa.

2013
El papa Francisco lava los pies de doce prisioneros, incluyendo mujeres y musulmanes.

2013
El papa Francisco arroja una corona de flores sobre el mar Mediterráneo para honrar a los refugiados del norte de África.

2015
El papa Francisco publica una encíclica (una carta a los obispos) sobre el medio ambiente llamada *Laudato si': Sobre el cuidado de la casa común*.

2018
El papa Francisco se enfoca en el sufrimiento de los refugiados en todo el mundo.

GLOSARIO

CAPILLA SIXTINA: La capilla en Roma donde los cardenales se reúnen para elegir al nuevo papa. Durante la votación, se instala una chimenea dentro de la capilla. Si los cardenales votan pero no alcanzan dos tercios de los votos necesarios para elegir al papa, liberan humo negro por la chimenea. Una vez que eligen al papa, liberan humo blanco.

CARDENAL: Un obispo que ayuda a elegir al papa y lo aconseja.

CIUDAD DEL VATICANO: La Ciudad del Vaticano es a la vez una ciudad y un país. Está ubicada en Roma, Italia, lo que la convierte en una ciudad dentro de una ciudad. Desde el siglo XIV, la mayoría de los papas ha vivido en el Vaticano.

GUARDIA SUIZA: La Guardia Suiza es responsable de mantener al papa a salvo. Algunos guardias visten uniformes de color azul, rojo, naranja y amarillo, aunque otros visten ropa más sencilla.

JESUITA: Los jesuitas son una orden o grupo de hermanos y sacerdotes católicos. A diferencia de los párrocos, los jesuitas generalmente no trabajan para una iglesia específica. En cambio, son mejor conocidos como educadores, y usualmente enseñan en escuelas y universidades. La orden jesuita data del siglo XVI y también es denominada la Compañía de Jesús.

MILONGA: Un tipo de música asociada con el tango. "Milonga" también se refiere a un estilo de baile de salón que es popular en Argentina.

OBISPO: Un sacerdote que supervisa varias iglesias en una región. La región que supervisa el obispo se llama diócesis. Los obispos también son responsables de ordenar nuevos sacerdotes.

ORDENACIÓN: Un acto sacramental en el que alguien se convierte en sacerdote.

PAPA: El líder de la Iglesia católica romana y el obispo de Roma.

PLAZA DE SAN PEDRO: Una plaza pública frente a la sede central del papado en Roma. La gente que está en la plaza puede ver el humo elevándose desde la Capilla Sixtina cuando un nuevo papa es elegido.

SOLIDEO: Un gorro de seda usado por los sacerdotes católicos.

YERBA MATE: Una bebida con cafeína natural que se puede beber fría o caliente. Es la bebida nacional de Argentina, y generalmente se bebe en un recipiente con una pajita conocidos como el mate y la bombilla. La yerba mate es una de las bebidas predilectas del papa Francisco.

BIBLIOGRAFÍA
SELECCIONADA

Allen, John L., Jr. "Francis: The Pope's Bold Message Comes to America." *Time Magazine*, special edition, 2015.

Allen, John L., Jr. "Pope Francis Gets his 'Oxygen' from the Slums." *National Catholic Reporter,* April 7, 2013. https://www.ncronline.org/blogs/francis-chronicles/pope-francis-gets-his-oxygen-slums.

Bermúdez, Alejandro, ed. and trans. *Pope Francis: Our Brother, Our Friend; Personal Recollections about the Man Who Became Pope.* San Francisco: Ignatius Press, 2013.

O'Kane, Lydia. "Pope: Open the Door to Faith." Vatican Radio, May 25, 2013. http://en.radiovaticana.va/storico/2013/05/25/pope_open_the_door_to_faith/en1-695466.

Piqué, Elisabetta. *Francisco. Vida y revolución.* Buenos Aires, Argentina: Editorial El Ateneo, 2013.

Rubin, Sergio y Francesca Ambrogetti. *El Jesuita: Conversaciones con Jorge Bergoglio.* Buenos Aires, Argentina: Ediciones B Argentina S.A., 2010.

Scammell, Rosie. "Pope Francis to Greet Children of Prisoners with a Train Ride and a Gift of Kites." *Washington Post*, May 29, 2015. https://www.washingtonpost.com/national/religion/pope-francis-to -greet-children-of-prisoners-with-a-train-ride-and-a-gift-of-kites/2015/05/29/1332726c-0635-11e5 -93f4-f24d4af7f97d_story.html?utm_term=.a945bea0779e.

The Telegraph. "Pope's Handwritten Notes of 2013 Speech to Cardinals Now Published," March 17, 2017. http://www.telegraph.co.uk/news/2017/03/17/popes-handwritten-notes-2013-speech-cardinals-now -published/.

Vallely, Paul. *Pope Francis: Untying the Knots; The Struggle for the Soul of Catholicism,* 2nd ed. New York: Bloomsbury, 2015.

Yardley, Jim. "A Humble Pope, Challenging the World." *New York Times*, September 18, 2015. https://www.nytimes.com/2015/09/19/world/europe/pope-francis.html.

FUENTES DE LAS CITAS

PÁGINA 28

"Si estamos demasiado apegados a las riquezas, no somos libres".
Jorge Bergoglio, post de Twitter, 5 de marzo de 2015, 12:30 a.m. https://twitter.com/Pontifex_es/status/573400086639599616

PÁGINA 31

"Y esto es un símbolo, ¿es un signo, no? Lavar los pies es: 'yo estoy a tu servicio".
Jorge Bergoglio. Homilía, Roma, Italia, 28 de marzo de 2013. Página web de la Santa Sede, https://w2.vatican.va/content/francesco/es/homilies/2013/documents/papa-francesco_20130328_coena-domini.html.

PÁGINA 32

"Esos hermanos y hermanas nuestras intentaban salir de situaciones difíciles para encontrar un poco de serenidad y de paz; buscaban un puesto mejor para ellos y para sus familias".
Jorge Bergoglio, Homilía, Lampedusa, Italia, 8 de julio de 2013. Página web de la Santa Sede, https://w2.vatican.va/content/francesco/es/homilies/2013/documents/papa-francesco_20130708_omelia-lampedusa.html.

PÁGINA 34

"La creación es un don, es un don maravilloso que Dios nos ha dado para que cuidemos de él y lo utilicemos en beneficio de todos, siempre con gran respeto y gratitud".
Jorge Bergoglio, Audiencia General, Ciudad del Vaticano, 21 de mayo de 2014. Página web de la Santa Sede, https://w2.vatican.va/content/francesco/es/audiences/2014/documents/papa-francesco_20140521_udienza-generale.html.

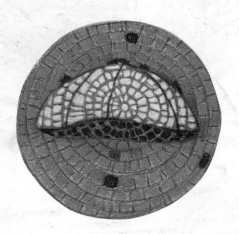